AF258348

Don d'auteur
Massart

Brassart

—

ne pas rogner

1883

DOCUMENTS

CONCERNANT

LE VOYAGE DE L'ARCHIDUCHESSE MARGUERITE

EN ESPAGNE, EN 1497,

ET CELUI QUE FIT EN CE PAYS

L'ARCHIDUC PHILIPPE LE BEAU, EN 1501;

PAR

M. BRASSART,

Archiviste de la ville de Douai.

Douai. Bibl. Com. Ms. 1191, f. 263 verso.

Extrait du tome XI, n° 4, 4ᵐᵉ série, des *Bulletins de la Commission royale d'histoire de Belgique*.

Bruxelles, imprimerie de F. HAYEZ, rue de Louvain, 108.

DOCUMENTS

CONCERNANT

LE VOYAGE DE L'ARCHIDUCHESSE MARGUERITE

EN ESPAGNE, EN 1497,

ET CELUI QUE FIT EN CE PAYS

L'ARCHIDUC PHILIPPE LE BEAU, EN 1501.

I.

COPPIE DE CERTAINES LETTRES ENVOYÉES PAR MONS^r DE ROCHE-
FORT (1) *à madame son espeuse etc , ad cause du parlement
de madame Marguerite d'Austrice, princesse de Castille.
Et ne se prend fors la clause à ce servant.*

Primes, depuis que nous parteismes de Flessingue, le vent
nous failly en Angleterre, à ung port nommé Hemptonne, là
où demourasmes trois sepmaines et feismes voilles ung dimence
à midy, pour partir du port. Et au partement, se vindrent
rencontrer deulx navires aveuc cellui de Madame, là où elle et
ceulx qui estoient en sondit navire furent en grand dangier et

---

(1) Jean de Bourbon. Sur ce seigneur, voir *Souv. de la Flandre wal-
lonne*, Douai, 1877, in-8°, 1re série, XVII, p. 41.

Le récit de Molinet (*Chroniques*, édit. Buchon, Paris, 1828, in-8°, V,
pp. 66-70 et 74-75) paraît être fait d'après cette lettre. On sait que
Molinet, historiographe de la cour de Bruxelles, habitait Valenciennes,
résidence de madame de Rochefort.

fut mise Madame et avuec elle mademoiselle la maistresse en
ung pinache sur la mer, pour elles sauver. Cela fait, partit
toute la flotte et cheminasmes tout ce jour, jusques environ
la nuyt, que le vent retourna et eusmes grand tempeste et
nous fut force de retourner audit port de Hemptonne, là où
arrivasmes le lundi au soir et fist bien rude sur la mer, jusques
le lundi au soir, viii_e_ jour apres. Le mardi matin, partismes
dudit port, à petit vent (et estoit la navire de Madame partie
le premier) et feismes tant, que nous gaignasmes la mer d'Espaigne, là où calme nous prist, jusques au venrredi et puis
tonnoire nous sourvint et cuydiesmes arriver à ung port
nommé Laredo. Mais force nous fut, à cause de laditte tempeste
et du vent, de contretirer vers Galice et cheminasmes en cest
estat, jour et nuyt. Et estoit tousjours Madame devant. Et
environ deulx heures après mynuyt, ung grand vent de aval
se leva et retournasmes pour arriver audit Laredo, cuydant y
trouver Madame. Mais son navire où elle estoit (et ung aultre
seullement) estoit arrivée à ung aultre port, nommé Saint-
Andrieu. Et pour nostre voyage de mer, vela le tout: les dan-
giers esquelz avons esté seroient trop longs à escripre.

En apres, arriva Madame audit Saint Andrieu, le joeudi au
matin et, incontinent elle arrivée, elle envoya *Jacques de
Croix* vers le Roy, la Royne et Mons_r_ le prince de Castille,
lesquelz furent fort joyeulx de sa venue; et fut fait partout
grand feste. Et le lundi apres, vint le connestable audit Saint
Andrieu, fort acompaignié de chincq contes et d'aultres pluiseurs chevaliers. Et une heure devant qu'il entrast, estoient
venus vj_xx_ mulles fort chergiés de vaisselle d'or et d'argent,
tapisseries et aultres acoultremens servans audit connestable
et à ceulx de sa compaignie. Et vinrrent tous lesdits chevaliers
en belle ordre faire premiers la reverence à Madame et luy
baisier la main, comme est la coustume du pays. Et apres vinrrent lesdits chincq contes ainsy pareillement et depuis, le
connestable tout seul.

Se fut maditte dame là jusques au venrredi apres et, tous les jours durant ledit temps, icellui connestable venoit veoir Madame, acompaignié desdits contes et chevaliers, tous acoustrez de draps d'or, de chaynes d'or et de pierres: qui seroit long à vous escripre. En apres partismes dudit Saint Andrieu, le venrredi apres et ne fismes que deulx licues pour ce jour. Lendemain samedi, partismes de bon matin et feismes quattre lieues. Et estoient le Roy et le Prince en cedit lieu, qui attendoient Madame et estoient venus de trente lieues loings audevant. Et environ à demye lieue pres dudit lieu, vindrent audevant de Madame une bende de chevalliers fort acoustrez, qui tous firent la reverence à Madame et baiserent sa main.

En apres, pluiseurs contes, acoustrez Dieu scet comment. Et aussi deulx ducz, qui aussi firent la reverence en cas pareil.

Et une espace apres, vinrent le Roy et Monsr le Prince, acompaignié de ung patriarche, de ung evesque et de pluiseurs grans maistres et, au rencontrer, apres toute reverence, Madame vault baisier la main du Roy : ce qu'il ne vôlt souffrir, mais la baisa au vyaire. Et pareillement Monsr le Prince. Et luy firent fort grand feste, en monstrant estre joyeulx de sa venue. Et au son de pluiseurs trompes et instrumens, le menerent et conduirent en son logis. Et apres et incontinent qu'ilz furent deschendus et rafreschis, le Prince fiancha Madame : et fist ledit patriarche lesdittes fianchaiges. Et fusmes, le dimence tout le jour, jusques au lundi matin, danssant et faisant grand chiere et feste. Et partismes cedit jour de lundi et cheminasmes le mardi, le merquedi, jusques au jocudi, que nous arrivasmes en une petite ville qui estoit au connestable, là ou Madame et chascun fut fort festoyé aulx despens dudit connestable. Et durant ce temps, le Roy et Monsr le Prince estoient aulx champs tousjours au plus prez de Madame et, quand Madame deschendoit, le Roy le mettoit jus et luy faisoient le meilleur chiere et honneur qu'ilz pooient. Et cheminasmes le venrredi et vinsmes couchier à deulx lieues pres de Bourghes et passa Mons' le Prince, cedit jour, oultre ledit logis et coucha audit Bourghes et demoura le Roy avenc Madame.

Lendemain, qui fut le samedi, partismes le matin pour venir audit Bourghes et vinrent audevant, une grand lieuwe, pluiseurs chevaliers bien richement acoustrez, tous baisans la main de Madame.

En apres vinrent pluiseurs contes, en ceste faichon et croyés que draps d'or et brocardz ne y estoient espargniés, ne bonnes chaines de fin or.

Apres vint l'ambassade du roy des Rommains, celle du roy de Napples et celle du duc de Millan, tous en bon ordre, faisant laditte reverence.

Apres vinrrent jusques au nombre de xiiij evesques ou xvj.

En apres vinrrent ceulx du conseil, faisant aussi la reverence.

Et depuis vinrrent les gouverneurs de la ville, tous en grans robes de satin cramoisis, plaines de martres, grosses chaynes d'or au col et fort acoustrez, tous faisans la reverence à Madame et baisant sa main : et luy presenterent les clefz de la ville.

Apres ce fait, chacun se mist en bel ordre et le Roy tousjours aupres de Madame et cheminasmes jusques à une eglise qui est dehors la ville, où Madame deschendi, comme il est acoustumé aulx nouveaux princes et princesses et là fist son oroison.

Et ce temps pendant, le Roy s'en alla en la ville et revint querre Madame en laditte eglise et estoit acoustrez moult richement, à la mode franchoise et monté sur une belle haguenée. Et de là s'en allerent en la ville de (1), tout droit en la grand eglise, faire leur oroison. Et à l'entrée de la porte, estoient lesdits gouverneurs de la ville, ainsi acoustrez que dessus est dit, qui tenoient ung pail fort riche et le porterent tout du long de la ville, jusques au paillaix, dessus le Roy et

______

(1) Nom resté en blanc. C'est Burgos.

Madame. Et estoit laditte ville fort tendue et aournée de draps
d'or et de tapisserie. Et vinrrent deschendre au pallaix,
environ de ix heures du soir. Et là estoient la Royne et
Mons⌐ le Prince, qui rechurent Madame à l'entrée de une
gallerye fort tendue et acoustrée. Et là le baiserent. Et de là
entrerent en une salle et là toutes les filles de Madame et les
dames et damoiselles baiserent la main de la Royne. Et apres,
celles de la Royne, qui estoient jusques au nombre de iiij ⌐⌐ dix,
toutes vestues de drap d'or et richement acoustrées, vinrrent
baisier la main de Madame.

Cela fait, le Roy, la Royne et Mons⌐ le Prince menerent
Madame en une chambre richement acoustrée et tendue de
draps d'or et de riches acoustremens : et vous asseure que
c'est lune des grans gorre (1) que l'on peoult gaires veoir.

Lendemain, jour de Pasques florics (2), ne se fist riens, ad
cause du bon jour.

Le lundi, le Roy, la Royne, Mons⌐ le Prince et Madame
s'en allerent en ung monastere de la Trinité, pour passer la
bonne sepmaine peneuse.

Le grand jour de Pasques (3), le Roy et la Royne tindrent
estat royal et disnerent au pallaix, en une grand salle et, aveuc
eulx, Mons⌐ le Prince, Madame et les deulx filles du Roy.
Et y avoit sy grand bruyt de trompettes et d'aultres instrumens, que l'on ne ooyt aultre chose.

Apres toutes ces choses, le Roy, la Royne et Mons⌐ le
Prince font grand honneur à Madame et le ayment du bon du
cœur et ne tiendra que à elle, qu'elle ne gouverne tout le
royalme d'Espaigne. Et ne doubte point que Mons⌐ le Prince
et Madame se entre ayment merveilleusement.

En apres toutes les festes de Pasques, se firent grans tryum-

---

(1) *Sic*. Gorre : magnificence.
(2) Dimanche, 19 mars 1497, nouveau style.
(3) 26 mars 1497.

phes et estoient tous les grans maistres et chevaliers tant richement acoustrez, que je croy qu'il n'est possible de plus. En toute ceste sepmaine, s'est faite grand feste.

Le lundi de Pasques *Kasimodo* (1), Monsr le Prince espousa Madame, à petit nombre de gens, à viij heures du matin et coucherent ceste nuyt ensamble. Et se doit faire la feste, le dimence *Misericordia Domini*, que est le dimence prochain.

Le mardi, se assamblerent pluiseurs princes, ducz, contes chevaliers et vinrrent devant le pallaix, fort acoustrez et montez sur les plus beaux genetz que len poeult veoir, chascun la ghauchue (2) au poing. Et là avoit une grand porte là où avoit pluiseurs thoreaulx et en laissoit l'on aller l'un à le foix et, à course desdits genetz, lesdits princes et gentilz hommes tuoient lesdits thoreaulx : et estoient le Roy et toutes les dames aux fenestres. Et journellement se font passetemps nouveaux, comme thirer la chayne, jouster et aultres choses riches et sumptueuses et ne s'est fait aultre chose, jusques au jour d'huy, joeudi vj^e jour d'apvril *anno* iiij ^{xx} dixsept.

II.

COPPIE ENVOYÉ PAR MADAME DE ROCHEFORT *à* Anthoine de Haucourt (3), *son bailli.*

Anthoine de Haucourt. J'escrips devers vous, pour ce que j'ay recheu lettres de Monsr mon mary, de tout ce qui est advenu, depuis le partement de Hollande, à madame la Princesse et vous envoye la coppie pour le presenter aulx

---

(1) 3 avril 1497.

(2) Javeline, selon Molinet, v, 75.

(3) Onze fois échevin de Douai, de 1475 à 1502; chef en 1505. Il devait être en 1497 bailli de Gœulzin, près de Douai.

eschevins de la ville de Douay. Car je scay bien qu'ilz ayment tant leur prince, qu'ilz seront bien joieulx de oyr nouvelle de madame la Princesse. Et hier au disner, vint le messaigier pour la premiere nouvelle que Monsr de Rochefort, mon mary, escripvoit à Monsr l'Archiduc et est au jour d'huy auprimes devers mondit S^r l'Archiduc. Et pour ce que je suis leur voisine et que je say bien qu'ils desirent de avoir toutes nouvelles que mondit S^r l'Archiduc ayme, je leur en advertis.

Et à tant, *Anthoïne*, je prie Dieu qu'il soit garde de vous.

Escript à Vallenchiennes, ce samedi xxixe d'apvril *anno* iiij^{xx} xvij. Ainsi signé : *Jehane de Lille* (1).

Nota. Ici finit la compilation faite en 1497. Le reste du Ms. est formé d'additions successives, jusqu'en 1502.

Au folio 274, sous l'année 1499 (vieux style), vers le mois de février, on lit cette mention : « En ce temps, retourna d'Espaigne madame *Marguerite d'Austrice*, sereur de mondit S^r, Monsr l'archiduc *Phl.* lors vesve de Monsr le prince de Castille, aisné filz du roy. Et revint par terre, parmy tout le royalme de France et vint Arras et d'Arras à Lille et puis en Flandres, etc. »

Semblable mention se trouve aussi au folio 268.

On sait que Marguerite assistait, le 7 mars 1499 (vieux style), à Gand, au baptème de son neveu Charles-Quint, dont elle fut une des marraines (Molinet, V, 125-126).

III.

S'ENSSIEULT L'ENTRÉE FAITE A PARIS.

Par tres puissant et tres-exellent prince, Monsr l'archiduc *Phl^e d'Austrice*, duc de Bourgongne, de Brabant, conte de Flandre, d'Artois, etc., quand il prinst illec passaige, allant devers le roy de France, *Loys* xij^e de ce nom, etc., allant

---

(1) De son chef, dame de Fresnes (près de Valenciennes) et de Gœulzin.

pour aller au royalme d'Espaigne, acompagniez de madame sa compaigne, fille de roy° d'Espaigne, etc., au mois de novembre l'an mil V° et ung (1).

Premierement, affin qu'il soit perpétuelle memoire de laditte recepcion faite en la citté de Paris, le joeudi xxv° jour de novembre l'an mil chincq cens et ung et feste de madame sainte Catherine, partirent de Paris Mons' le conte de Nevers, Mons' le conte de Ligney, acompaigniez de Mons' le grand prieur de France et de pluiseurs chevaliers et escuyers, en belle et honneste ordonnance, pour aller au devant de mondit S', Mons' l'Archiduc et madame sa compaigne. Et chevaucherent jusques pardela la chappelle qui est entre Paris et Saint-Denis en France, où ilz rencontrerent mondit S' l'Archiduc et dame et demourerent aveuc eulx pour les acompaignier, apres les honneurs de recepcion à eulx faite. Et se rethirerent à part les archiers dudit conte de Nevers, lesquelz estoient vestus de hocquetons argentés, portans pour livrée ung chine.

En la seconde bende ou compaignie, estoit noble homme Mons' de Clarrieux, regent et gouverneur de Paris, fort monté et bien en point, devant lequel chevauchoient le capitaine des archiers de la ville de Paris, acompaigniés de six-vings archiers à hocquetons argentés et livrée. Apres lesquelz estoient le capitaine des arballestriers, aveuc les soixante arballestriers de laditte ville, aussi en hocquetons argentés et portans leur livrée. Et avoient lesdits archiers ars en leurs mains, garnys de trousses de flesches à leur costé. Les arballestriers, leurs arballestres et trousses de viretons.

Item, apres laditte bende, sievoient les sergens de la ville de Paris, vestus de robes myparties, atout les armes de la ville sur leurs manches senestres. Et apres eulx, le gouverneur. Et venoient apres luy, les prevost des marchans et eschevins de

---

laditte ville, vestus de robes de deulx coulleurs, assavoir: escar-
latte et jaune. Aveuc lesquelz estoient les consciller, greffiers,
receveur, procureur et aultres officiers de laditte ville.

Item, en laditte compaignie et apres les dessusdits, estoient
les aultres gens de conseil et bourgois de laditte ville, en
grand nombre, aussi pluiseurs marchans, lesquelz assamblerent aveuc les dessusdits et allerent jusques à la Chapelle, re-
cevoir mondit S^r l'Archiduc et Madame. Et firent ledit gouverneur et aussi tous les aultres grand honneur et reverence à
mondit S^r et dame, ledit gouverneur parlant à eulx longuement.

En la iij^e bende, partirent de Paris le chevalier du ghued,
acompaignié des gens du gued, tant à piet, comme à cheval,
vestus de hocquetons couvers d'argent, à leur livrée. Apres
lesquelz chevauchoit *Jacques de Touteville*, chevalier, garde de
la prevosté de Paris, acompaignié des lieuxtenans, tant criminelz que civilz, conseilliers, advocas, procureurs de Chastelet.
Et estoient devant ledit prevost douze sergens, vestus de robes
myparties et royés à l'un des costés et douze aultres sergens
en hocquetons couvers d'argent, pour la livrée dudit prevost.
Lesquelz pareillement allerent jusques à la Chappelle, audevant de mondit S^r et Madame et leur firent la reverence, aveuc
pluiseurs proppositions, honneurs et harengues. Puis se
mirent en ordonnance et entrerent en laditte ville de Paris,
comme il senssicult.

Premierement, pluiseurs chariolz appartenans à mondit S^r
et dame, chergiés de bahus et ustensilles, ainsi que on poeult
extimer que ung sy puissant prince et dame pocuent faire
mener aveuc eulx.

Item, les dessusdits de Paris rentrerent en laditte ville, en
l'ordonnance dessus ditte, exepté que les seigneurs de Nevers,
de Ligney, grand prieur de France et pluiseurs aultres chevaliers demonrerent en la compaignie de mondit S^r l'Archiduc
et de Madame, mais leurs compaignies chevauchoient en
ordonnance, etc.

De la partie de mondit S^r l'Archiduc, estoient ses postes, messaigiers, maistres d'ostelz et aultres officiers, jusques au nombre de cent chincquante chevaulx, chevauchans en honneste ordonnance.

Apres chevauchait le capitaine des archiers de mondit S^r, ensamble ses quarante archiers, en bel estat et ordonnance et trois et trois, vestus de riches hocquetons couvers d'argent et portoient pour leur livrée ung fuzil d'or annexée en une croix d'or de Saint Andrieu et estoient les bastons de laditte croix en faichon d'estocq.

Item, apres chevauchoit le grand escuier de mondit seigneur, apres lequel estoient douze paiges vestus de vellours cramoisy, montés sur douze beaulx coursiers, desquelz douze paiges les six premiers portoient trois arballestres engaignez en leur fourreau, les trois sievans, espées pareillement en leur fourreaux et les derreniers trois, becqs de faulcon aussi en leur fourreau. Et faisoit beau veoir lesdits paiges : car c'estoient jones escuiers, qui venoient de noble geste et tenoient bonne gravité et bien chevauchans.

Apres venoient les trompettes et clarons de mondit seigneur, devant lesquelz chevauchoient grand multitude de nobles et puissans seigneurs, en belle ordonnance. Lesquelz trompettes portoient leurs instrumens sur leurs espaulles, ausquelz instrumens estoient les armes de mondit S^r.

Item, sievoient les héraulx du Roy, vestus de cottes d'armes couvertes de fleurs de lys. Aveuc lesquelz estoient les héraulx d'armes de mondit S^r, vestus des armes de leurdit office.

Puis venoit mondit S^r et maditte dame, lesquelz estoient richement aournez, tant de vestemens, que de monture de chevaulx, tenans noble et sumptueuse gravité. Et estoient pour les acompagnier, au costé dextre, Monsr le conte de Ligney et Monsr le prevost de Paris et, du costé senestre, Monsr le conte de Nevers, le grand prieur de France et aultres grans seigneurs, chevaliers et escuiers, chevauchans en grand et triumphant estat.

S'estoit madame l'Archiducesse vestue d'un beau drap d'or, richement preparée, montée sur une haghenée, acompaignié de xxvj damoiselles, les unes vestues, les aultres de cramoisis, aultres de vellours de pluiseurs coulleurs. Et estoient toutes leurs haghenées blanches.

Apres estoient dix chariotz plains de dames et damoiselles, desquelz charios les quattre estoient couvers de drap d'or, chacun desdits charios furny de une haguenée blanche, toute scellée et couverte de drap d'or, que quattre paiges menoient par les resnes et les six aultres charios treshonnestement couvers de velours et sievoient laditte dame et princesse.

Item, apres venoient grand multitude de nobles gens, comme marchans, cittoiens de laditte ville de Paris, mesmement pluiseurs estrangiers, tant que sans nombre, pour veoir la triumphe magnificence, pour veoir la réception de mesdits seigneur et dame et de leur train et des princes et seigneurs dessus nommés, à sy grand nombre et foulle, que laditte ville de Paris ne pooit soustenir ne logier Et en demoura sans logier, fors sur les cours et cauchies, par milliers d'iceulx estrangiers.

Item, mesdits S^r et dame, à l'entrée de Paris, trouverent ung eschaffault, aupres de la porte, lequel estoit richement prepparé et couvert de tapisserie, à plus hault duquel estoit ung escu de France fort riche, environné de l'ordene du Roy et au dessoubz estoit ung grand cheval magnificquement fait, sur lequel estoit assis *Paris*, armé de blanc, vestu d'une tres-riche heucque d'or. Et avoit ledit cheval deulx resnes, l'une à dextre et l'autre à senestre : à la dextre, estoit justice, qui conduisoit le cheval et, à la senestre, *Mynerve*, deesse de sapience. Lequel cheval frappoit d'un piet sur une roche, dont en sourdoit une fontaine. Audevant de laquelle fontaine, estoit escript :

Fluminis impetus letificat civitatem Dei.

Ledit cheval s'appelloit *Pesagus*, aultrement dit *Bonne Re-nommée*, sur lequel *Perseus le Hardi* monta : duquel la renommée volla partout le monde et par le moyen de ladilte *Mynerve*, déesse de ponde. Sur lequel cheval *Paris* est maintenant monté, car sa renommée volle: qui est figuré par *Pesagus*, cheval vollant, car il entretient sapience et justice.

Au bout duquel eschaffault, avoit ung acteur honnestement acoustré, qui disoit ce qui s'enssicult:

> A vostre honneur, prince de grand renon,
> Sur le cheval de bonne renommée
> Paris, portant de la cillé le nom,
> Sur les cittés du monde bien famée,
> Pour recevoir vostre venue amée
> S'est icy mis et vous monstre en présence
> Que par justice et haulte sapience
> Volle son bruyt en terre et mer profonde,
> Plus que cillé qui soit en tout le monde.

Ces parolles dittes et proferées par ledit acteur, entra mondit S^r et dame en ladilte cillé, comme dit est dessus et ainsi acompaignié. Et vint jusques au lieu que on dist le Poncheau ou la fontaine la Royne. Et là estoit ung beau lys à chincq flourons et sourdoit une fontaine par lesdittes fleurs de lys.

Mesdits seigneur et dame passerent oultre, apres leur regard illec fait. Et vint devant la faulse porte que on dist la porte aulx Painlres, où estoit ung eschaffault bien preparé, sur lequel estoient pluiseurs menestrelz vestus de blanc, à chapperons rouges, assis par ierarchie et, au milieu de eulx, estoit assis *David* touchant sa harpe. Et y auoit en escript, en grosse lettre, au dessoubz desdits *David* et menestriers, ce qui s'enssicult:

David cum cantoribus cytaram cantabit.

Et au bort de l'eschaffault, estoit escript en grosse lettre:

Nunc venit carminis etas.

Et en l'autre escripteau :

Redeunt saturnia regna.
Enffans, prendés chascun son instrument
Joyeusement et leesse menez,
Resveilliés vous à cest advenement,
Monstrés comment par recroissement
Les temps de paix sont present retournez,
Plaisir prenez, reverence donnez
Au sang royal et monstrés à noblesse
Que maintenant tout soit mis eu leesse.

Ce fait, mondit S^r et dame passerent oultre et passerent tout
du long la rue Saint-Denys, laquelle estoit honnourablement
tendue de tapisserie. Et fault supposer, comme il soit vray,
qu'il y avoit grant multitude de pocupple parmy les rues et pluiseurs seigneurs, dames, damoiselles, bourgoix, bourgoises aulx
fenestres, hault et bas, regardans la sumptueuse entrée.

Mondit S^r et dame, ainsi acompaigniés, vinrrent devant le
Chastelet de Paris, où estoit ung eschaffault tresexellent,
tendu honnestement de tapisserie Et estoit sur ledit eschaffault une fontaine, qui se nommoit la fontaine de Science, au
dessus de laquelle fontaine estoit une dame, vestue de soye
blanche, honnestement aournée par le chief, lisant et mettant
la main sur deulx livres, laquelle se appeloit *Science.* A l'entrée
du clos, estoit *Paris*, vestue de une robe de soye de deulx
coulleurs, armée par les bras et par les jambes, tenant ung
baston blanc en son poing, du costé droit dudit *Paris*. Dedens
ung clos noblement preparée, estoit ung personnaige vestu et
habillié richement, tenant une houllette en sa main gauche,
lequel se nommoit *Pasteur Paisible.* Et tenoit soubz sa main
dextre ung personnaige qui s'appelloit *Tout.* Monstrant que
le clos de Paris est gouvernée par le pasteur paisible et qu'il
tient tout soubz sa main. Aupres duquel pasteur estoient trois
chantres, habilliés en bergiers et une bergiere avecques eulx.
C'est assavoir : les bergiers vestus de soye rouge et la bergiere,

de soye jaune. Lesquelz chantoient melodieusement à laditte venue. Et estoient nommés lesdits bergiers: *Cœur Leal, Droit Chemin, Bon Volloir* et laditte bergiere estoit nommés *Paix*.

Item, au costé senestre, estoit une bergiere, vestue de soye, richement acoustrée, qui se nommait *Police*. Et au costé d'icelle, estoient quattre menestriers, habilliés, les trois en bergiers et le quatrisme en bergiere, lesquelz sonnoient de leurs instrumens et se nommoient lesdits bergiers : *Honneur, Poeupple Joyeulx, Acord* et la bergiere, *Loenge*.

Item, derriere ledit eschaffault, contre les tours dudit Chastelet, estoient sept personnaiges, c'est assavoir: trois d'un costé et trois de l'aultre et ung au dessus, par le millieu desquelz personnaiges avoient chascun leur capiteau ou pavillon. Et estoient nommés les trois du costé droit : *Grammaire, Phisicque, Geomettrie*. Les trois du costé gauche s'appelloient: *Rethoricque, Astrologie* et *Musicque*. Au dessus desquelz six personnaiges estoit *Theologie*. Tous lesquelz personnaiges estoient differamment habilliez, tant de corps, que de teste. Et y avoit, au bout de l'eschaffault, ung dit dont la teneur en l'autre paige s'enssicult (1).

> Rememorés la triumphe et noblesse
> Que Paris a fait, à la noble venue
> Du tres illustre prince plain de proesse
> Et que en son clos police est soustenue,
> Poeupple joyeulx, loenge entretenue,
> Paix y reluyt, acord tient noble train,
> Pasteur paisible met là sur tout la main,
> Cœur loyal bruyt et droit chemin domine,
> Honneur conduyt et science examine.
> Pour receuoir ceste magnificence,
> On a pourtraict, de vollenté benigne,
> Parc exellent, fontaine de science.

---

(1) Ici finit le folio 277bis verso du Ms. et le « dit » se trouve sur le folio suivant, 278.

Preuve que l'auteur du Ms. est aussi celui de la présente relation.

Theologie, comme dame et princesse,
La foy, la loy nous a escript et leue
Et, s'il y a erreur qui les cœurs blesse,
Rethoricque est de parler bien pourveue
Astrologie eslieve au chiel la veue.
Dame musicque ne se débat en vain,
Mais rend loenge au hault Dieu souverain.
A le servir, jour, nuyt, se determine.
Celluy qui a de ce beau lieu saisine
Le poeult nommer, sans quelque difference,
Selon raison, par puissance divine,
Parc exellent, fontaine de science.

Pour mesurer parfondeur et haultesse,
Geomettrie, en ce cas bien congueue,
Sans mesure quelque chose ne laisse,
Le bien acroist et le mal diminue.
Phisicque aussi poeult touchier la char nue,
En susportant le fresle corps humain.
Gramaire a cours et va le chemin plain,
Par chastiement beau latin nous resigne,
Differences par ces raisons assigne.
Parquoy debvons ce los par exellence
Garder de mal et que nul ne rappine
Parc exellent, fontaine de science.

Princes mondains, requis est que on se incline,
Pour ce beau parc, sumptueulx, noble et digne,
Entretenir en grande preference,
Que en decadence ne tumbe ou en ruyne.
Tousjours soit dit, quiconques s'en mutine,
Parc exellent, fontaine de science.

Ce veu et regardé par mondit S^r et dame, passerent oultre
et allerent par dessus le grand pont du Roy, nommé le pont
aulx Chambgeurs et jusques à Nostre Dame de Paris, où il
trouva à l'entrée l'université assamblée: et là luy fut fait, par
ung solempnel docteur en theologie, une solempnelle reception
et avecue une propposition par langaige rethoricquement aourné:
ce qu'il escouta vollentiers, en la presence de pluiseurs doc-

teurs, tant de theologie, de decret, medechine, que pluiseurs maistres en divinité et de diverses facultez.

Apres ce, entrerent mondit S^r et dame dedens l'église Nostre Dame de Paris, où il fut recheu honnourablement par l'evesque d'icelle eglise, les chanonnes, chappellains, enffans de cœur. Et samblablament leur furent dis pluiseurs beaulx motz et raisons peremptoires. Auquel lieu firent leur devotion en grand humilité.

Ce advenu, pour ce qu'il estoit pres de nuyt, furent allumées grand (1) de torses, flambeaux et lumiere, pour conduire mesdits S^r et dame en leur logis : lesquelz furent logiés en la maison dudit gouverneur de Paris, pres des Augustins, auquel lieu luy fut prepparé ung bancquet solempnel. Apres lequel bancquet, furent fais pluiseurs joieulx esbas, comme farses, morisques, dansses, chanssons, sons de trompettes et instrumens aveuc clairons.

Le lendemain, apres la messe oye par mesdits seigneur et dame, vindrent au Pallais, assavoir ledit seigneur, auquel lieu Messrs de la Court le recheurent à grand joye et fut mené au lieu où len plaide les causes criminelles et civilles et assis comme per et conseiller de la Court. Et là luy fut monstré la maniere de faire en laditte Court, meismes, luy là estant, furent jugiés et widiés pluiseurs procez et appointié de pluiseurs différens, estans pendans au clau audit Parlement, de entre le Roy et pluiseurs princes, princesses, seigneurs, dames et aultres nobles du royalme de France. Et delivra pluiseurs prisonniers criminelz.

Et laditte dame se festioit audit Parlement, en une chambre, là où mondit S^r le vint veoir à table et mengha ung petit aveuc elle, puis retournerent en leur logis.

A l'apres disner, visiterent laditte ville de Paris et estoit noble triumphe de veoir l'estat.

----

(1) « Nombre »; mot omis.

www.ingramcontent.com/pod-product-compliance
Lightning Source LLC
Chambersburg PA
CBHW051415060726
47596CB00005B/2238